Prof. Dr. Dr. h. c. I. H. Schultz

Übungsheft für das autogene Training

Konzentrative Selbstentspannung

Bearbeitet von Prof. Dr. D. Langen

20. Auflage

G T V

Georg Thieme Verlag Stuttgart · New York 1983

Schultz I. H., †, Prof. Dr. Dr. h. c., ehemals Nervenarzt in Berlin
Langen, Dietrich, Prof. Dr. med., Klinik und Poliklinik für Psychotherapie, an der Johannes Gutenberg-Universität, 6500 Mainz

1. Auflage 1935
2. Auflage 1936
3. Auflage 1938
4. Auflage 1941
5. Auflage 1943
6. Auflage 1952
7. Auflage 1953
8. Auflage 1953
9. Auflage 1956
10. Auflage 1959
11. Auflage 1961
12. Auflage 1964
13. Auflage 1967
14. Auflage 1969
15. Auflage 1972
16. Auflage 1973
17. Auflage 1974
18. Auflage 1977
19. Auflage 1980

1. englische Auflage 1959
2. englische Auflage 1969

1. französische Auflage 1958
2. französische Auflage 1960
3. französische Auflage 1965
4. französische Auflage 1968
5. französische Auflage 1972
6. französische Auflage 1974
7. französische Auflage 1977

1. isländische Auflage 1968

1. italienische Auflage 1971

1. norwegische Auflage 1956
2. norwegische Auflage 1963
3. norwegische Auflage 1968
4. norwegische Auflage 1971
5. norwegische Auflage 1974
6. norwegische Auflage 1976

1. portugiesische Auflage 1967

1. spanische Auflage 1955
2. spanische Auflage 1962
3. spanische Auflage 1966
4. spanische Auflage 1969

1. tschechoslowakische Auflage 1969

CIP-Kurztitelaufnahme der Deutschen Bibliothek

Schultz, Johannes H.:
Übungsheft für das autogene Training : konzentrative Selbstentspannung / I. H. Schultz. Bearb. von D. Langen. – 20. Aufl. – Stuttgart ; New York : Thieme, 1983.
NE: Langen, Dietrich [Bearb.]

Umschlagentwurf: Prof. Kurt Weidemann, Stuttgart

ISBN 3 13 401520 X

Vorwort zur 18. Auflage

»Das Übungsheft ist nur als Hilfe bei der ärztlich kontrollierten Erlernung des Verfahrens verfaßt.«

So eröffnete I. H. Schultz das Vorwort zur vierzehnten Auflage.

Dann erhob er die warnende Stimme davor, daß ein Selbstprobieren vermieden werden sollte und empfahl vor allen Dingen bei allen auch nur angedeutet labilen Persönlichkeiten eine ärztliche Voruntersuchung. Einzelne Übungsleiter verlangen ein ärztliches Attest vor Beginn einer Übung mit dem autogenen Training, aus dem hervorgeht, daß eine medizinische Kontraindikation nicht besteht für den Fall, daß – wie das ja in zunehmendem Maße häufiger geschieht – die Grundstufe des autogenen Trainings oder auch vielleicht auch nur Teile von ihr an »Gesunde« im Rahmen einer Vorsorgemedizin herangetragen werden soll. Der Bearbeiter setzt sich mit zahlreichen seiner Mitarbeiter gerade für dieses Problem ein, da es doch zunehmend erkennbar wird, wie wichtig schon das generalisierte Schwere- und Wärmeerlebnis, d.h. die Grundübungen des autogenen Trainings, als gesundheitsvorsorgerische Maßnahme (Präventivmedizin) angesehen werden müssen. Jede weitere Übung (vor allem die Herzübung) enthält u. U. neben Vorteilen auch Nachteile. Das kann auch einmal für die Grundübungen des autogenen Trainings selbst gelten. Störende abnorme Reaktionen können dann den Übungsverlauf so ungünstig beeinflussen, daß manche eher von der Weiterführung der Übung abgeschreckt werden. Das soll gerade auch durch das Übungsheft für das autogene Training vermieden werden.

Besonders plastisch schreibt Schultz in dem Vorwort zur vierzehnten Auflage: »Die vierzehnte Auflage wurde besonders genau überarbeitet und ergänzt, um die Brauchbarkeit des Heftes im oben umschriebenen Anwendungsbereiche zu erhöhen; wie jeder Mensch seine Handschrift, so hat jeder Mensch »sein« autogenes Training; der Hinweis auf geistige »Schau« beim Üben darf nicht dahin mißverstanden werden, daß nun, dem natürlichen Wesen des Übenden widersprechend, einc »Schau« erzwungen und damit das Grundprinzip der gesamten Arbeit, das »Sich-führen-lassen« durch sorgsame, vorurteilslose Innenhingabe aufgehoben wird. Überwiegend akustisch oder akustisch-motorisch konstitutierte Menschen haben z.B. einen längeren Weg zur inneren optischen Bilderwelt als Durchschnittliche oder gar »Visuelle«.«

Auch der Bearbeiter der achtzehnten Auflage wünscht sich wie der Autor von ganzem Herzen, daß die kleine Schrift, richtig angewendet, weiter ihre Aufgabe erfüllt.

Mainz, im Frühjahr 1977 D. LANGEN

Inhaltsverzeichnis

A Einführung

Autogenes Training bedeutet aus dem »Selbst« (griechisch = autos) entstehendes (griech. = genos) »Üben«. Das ist die Zielvorstellung, mit der jeder Übende an das Verfahren herantreten sollte, auch wenn der Weg dorthin von außen kommende Elemente enthält. Etwas von Anfang an nur aus dem Selbst Kommendes gibt es im Bereich des hier zu erörternden Verfahrens ebenso wie bei anderen aktiv-autosuggestiven oder aktiv-autohypnoiden Verfahren nicht, sondern immer erfolgt ein von außen kommender Anstoß als Voraussetzung dafür, daß dann etwas von innen heraus und damit wirklich aus dem Eigenen erwächst, d.h. also im wahrsten Sinne »autogen« wird.

Mit anderen Worten ausgedrückt heißt das: Jede von außen kommende Suggestion (Heterosuggestion) wird durch eine in sich selbst entstehende Suggestion, d.h. also »Autosuggestion« verwirklicht. Das ist eine der wichtigsten Erkenntnisse, die Anfang des 20. Jahrhunderts in der Suggestionslehre festgestellt und durch die Wissenschaftler der zweiten Schule von Nancy entdeckt wurde.

Umgekehrt – und das ist für uns hier noch wichtiger –, eine von innen kommende Reaktion bedarf so gut wie immer eines von außen kommenden Anreizes. Das kann als Gesetz aufgestellt werden, wodurch sich die Grenze eines von außen »Heteros« und ein nur aus dem Innen heraus entstehendes »Autos« relativiert. Das Wesentliche ist so gesehen eigentlich eine Gewichtsverteilung:
Auf der einen Seite stehen Verfahren wie die reine Suggestion oder Hypnose, die vom Bearbeiter der jetzigen Auflage deswegen auch schon immer als »Heterosuggestion« und vor allem »Heterohypnose« bezeichnet wurde, bei der die Übungspersonen oder Patienten nur eine relativ passive

Rolle spielen, ohne ihre eigene Leistung verringern zu wollen. Auf der anderen Seite stehen Verfahren, die nur durch sparsame Außenreize die eigenen Reaktionen des Übenden anregen wollen, damit er dann, weitgehend von den Außenanregungen abgelöst, selbst üben kann. In dieser Endausprägung entspricht das dann dem »Autogenen«.

So wird dann durch die geistige Schulung jeder Art das gesamte Verhalten des Organismus beeinflußt. »Die Seele wirkt auf den Körper.« Ein Mensch mit einer verkrümmten Wirbelsäule kann durch ausdauerndes Üben gerade werden. Ein Mensch, der es durch Üben lernt, seine Stimmorgane entspannt und geordnet arbeiten zu lassen, bekommt eine »Singstimme«. Ein Mensch, dessen innere Unruhe des »Leibes und der Seele« sich als Herzklopfen äußert, kann die Symptome bessern. Durch dieselben Mittel kann ein Kranker mit Bronchialasthma, d.h. einer krampfhaften Verspannung der Atemorgane, sein Leiden erleichtern. Solche ärztliche Heilbehandlungen nennt man **Psychotherapie**. Das autogene Training ist eine ihrer Methoden.

Entstanden ist das autogene Training aus alten und sicheren ärztlichen Erfahrungen der Hypnose (Teilschlaf). Hypnose ist ein schlafähnlicher Ruhezustand, der bei Gesunden immer, bei Nervösen etwas schwieriger durch rein seelische Beeinflussung hergestellt werden kann und Ruhe sowie Erholung mit sich bringt. Bei Geisteskranken gelingt die Hypnotisierung nur ganz ausnahmsweise, meist nicht. In tieferer Hypnose entwickelt sich ein traumhafter, nachtwandlerischer Zustand (»Somnambulhypnose« genannt). Hypnosen leichteren und mittleren Grades stellen behagliche Ruhezustände dar, in denen die Außenwelt wenig beachtet wird, ja oft verschwindet. Wie beim Nachttraum kann ferner in diesen Zuständen die Kritik teilweise verringert werden. Daher werden Erlebnisse in der Hypnose besonders »wirksam«. Wird dem Hypnotisierten z.B. gesagt: »Sie stehen in der heißen Sonne«, so rötet sich das Gesicht und es tritt oft Schwitzen ein. Ja, es gelingt bei Beeinflußbaren das Erleben so zu steigern, daß die »Ein-Bildung« zu einer Hautverbrennung, zu einer richtigen Brandblase führen kann, wie dies zum Beispiel bei Therese Neumann, Konnersreuth, auf Grund einer außergewöhnlich intensiven »Ein-Bildung« der Fall war. Befehle in der Hypnose werden später oft ausgeführt, auch wenn keine »bewußte« Erinnerung an die Vorgänge in der Hypnose besteht (posthypnotische Suggestion). Die Steigerung des Erlebens in der Hypnose erhöht bis zu gewissen Graden die Erinnerung an früher Erlebtes und Gelerntes, doch müssen Angaben Hypnotisierter genau überprüft werden.

Da es hier in der letzten Zeit zu mißbräuchlicher Verwendung der Fähigkeit zu gesteigerter Erinnerungsfähigkeit (Hypermnesie) durch Laien gekommen war und offenbar auch immer noch kommt, scheint es dem Bearbeiter dieser Auflage wichtig, hier einiges richtigzustellen: bei der Mitteilung von früher Erlebtem berichten die Befragten die Dinge so, wie sie meinen, daß sie sie erlebt haben! Das haben andere sehr bekannte Hypnoseärzte schon immer angegeben, so z.B. STOKVIS, u.a. Handelt es sich gar um Ereignisse, die bei diesen hypnotisch ausgelösten Rückerinnerungen so weit zurückliegen, daß die Frage entsteht, ob das menschliche Gehirn so ausgereift ist, daß eine Erinnerungsfähigkeit überhaupt möglich ist, wie z.B. bei der Geburt, so daß der eigene Geburtsvorgang erinnert werden kann, tauchen hier ganz andere psychologische Fragen auf. Wenn gar derartige »Hypnotiseure« – meist handelt es sich um Laien – Menschen auch das vorgeburtliche Leben unter Umständen bis ins 15. Jahrhundert erleben lassen können, handelt es sich nach Auffassung des Bearbeiters dabei mehr um folgendes: Der menschlichen Fantasie sind keine Grenzen gesetzt. Ferner besteht offenbar eine innere psychologische Beziehung zwischen Fantasietätigkeit und Beeinflußbarkeit. Hierfür könnten mehrere Beispiele gebracht werden. Sie führen aber zu weit vom eigentlichen Thema ab.

Die reine Hypnose (»Leerhypnose« nach POLZIEN) ohne zusätzliche gezielte Beeinflussung von außen ist ein wohltuender, erholender und beruhigender Zustand innerer Sammlung. Das ist der Grund, weshalb spanische Hypnoseärzte auch lieber statt von Hypnose von »Sophrosyne« sprechen. Die Abkehr von äußeren Eindrücken kann so gesteigert werden, daß eine Zeit lang von Ärzten Geburten und Operationen in reiner Hypnose ausgeführt wurden*.

Wie bei allen ähnlichen Erscheinungen darf man den Menschen auch bei der Hypnose nicht in zwei Teile, in Leib und Seele zerlegen, sondern muß verstehen lernen, daß Hypnose wie Nachtschlaf, Ermüdung, Sprechen usw. eine Tätigkeit oder eine Einstellung des ganzen lebendigen Menschen bedeutet. Psychologische Experimentaluntersuchungen zeigten dies schon 1920 bis 1924 in Jena besonders klar. Der Mensch fühlt in ruhiger Hypnose auch eine deutliche Veränderung des Leibes: Er bemerkt dabei ein kennzeichnendes, eigenartiges Gefühl von **Ruhe**, **Schwere** und **Wärme**. Schwergefühl entsteht, wenn die Muskeln sich entspannen, die sonst den Körper durch Verspannung halten, Wärmegefühl, wenn die Blutgefäße sich erweitern und mehr Blut durchlassen. Das Wesentliche an der **Umschaltung** in Hypnose ist also wie beim ruhebringenden Nachtschlaf eine **Ent-**

---

* Näheres über diese Fragen ist aus einzelnen Büchern des Autors zu ersehen, wie J.H.SCHULTZ: *Seelische Krankenbehandlung* (8. Aufl., Fischer, Stuttgart 1963) und *Hypnosetechnik für Ärzte* (5. Aufl., Fischer, Stuttgart 1976). Oder D. LANGEN: *Kompendium der medizinischen Hypnose* (3.Aufl., Karger, Basel 1972); B. STOKVIS u. E. WIESENHÜTTER: *Der Mensch in der Entspannung* (3.Aufl., Hippokrates, Stuttgart 1971); bzw. besonders allgemeinverständlich und gleichzeitig die größeren Zusammenhänge aufzeigend: F.A. VÖLGYESI: *Die Seele ist alles* (2.Aufl., Orell Füssli, Zürich 1967).

spannung des Organismus, besonders der **Muskeln** und **Blutgefäße** durch entsprechende Schulung der **Konzentration**. Das autogene Training gibt als konzentrative **Selbstversenkung** die Möglichkeit, ohne Beeinflussung durch einen anderen den wohltätigen schlafähnlichen Zustand zu erreichen, sich selbständig die Kräfte der Innenwelt in den gegebenen Grenzen fruchtbar zu machen (Selbsthypnose)*.

Alles Üben, man denke nur an Sport, Gymnastik usw., hat zwei Grundrichtungen:

1. Lebenssteigerung,
2. Fehlerbeseitigung.

Das gleiche gilt für das autogene Training. Es kann zur Steigerung von Gesundem, von Leistung, Selbstbeherrschung, Erholung usw. oder zur Verminderung, gegebenenfalls zur Beseitigung von Ungesundem dienen, ebenso wie die äußere Bewegungsgymnastik Lebensertüchtigung des Gesunden (Körperbildung) und Umstellung des Kranken (Heilgymnastik) erstrebt.

Entspannung ist im autogenen Training Mittel und Weg zur »Versenkungs**ruhe**« und damit Wert an sich. Alles gesunde Lebendige spannt sich zwischen den Polen Spannung und Entspannung. Das gesunde Tier ohne Tätigkeit schläft, der Mensch von heute braucht ein Höchstmaß von spannender Leistung und spannender Selbstbeherrschung. Daher »verkrampft« er sich u.U. leicht, so daß ganz grob körperliche Vorgänge wie Atmung, Verdauung und dergleichen Not bewirken können, vom Lebensgefühl und vom höheren Seelenleben ganz zu schweigen. Das autogene Training verlangt

---

* Deswegen spricht der Bearbeiter gern von dem autogenen Training als einer »Selbstversenkungsmethode«. Man sollte bei der Gelegenheit auch daran erinnern, daß SCHULTZ sein Verfahren schon immer genannt hat: »Ein übender Weg zur Autohypnose«, so daß er auch schon von dieser Bezeichnung her die nie geleugnete Beziehung zur Hypnose sichtbar werden ließ.

zwar unbedingten und ausdauernden Einsatz der inneren Sammlung (Konzentration). Es benutzt aber nicht den bewußten, mit aktiver Spannung arbeitenden Willen, sondern eine innere **Hingabe an bestimmte Übungs-Vorstellungen**. So wie man abends nur einschlafen kann, wenn man sich dem Schlafe »hingibt« und nicht mit Gewalt schlafen »will«, wodurch man gerade wach bleiben würde. Der Gegensatz zwischen bewußtem, aktiv spannendem Beiseiteziehen der Lippen zum Zähneputzen und dem unkontrollierten, daher oft peinlichen, »von selbst« geschehenden, unmittelbaren Lachen aus innerem Erleben zeigt im Alltage die beiden grundlegend verschiedenen Verläufe »bewußt-aktiver« und »passiv-hingebender« Konzentration.

Die einzelnen Übungen des autogenen Trainings sind so aneinandergereiht, daß mit dem Einfachsten und Unscheinbarsten begonnen wird. Mit zunehmender Übung und in dem Zusammenbau verschiedener Übungsteile wird ein Zustand erreicht, als läge man in einem behaglich warmen Bade mit angenehmer Kopfkühlung. So wie man sich solchen Empfindungen passiv gelöst überlassen und durch ein solches entspannendes Bad ebenso eingeschläfert werden kann, soll man sich den einzelnen Übungen »hingeben«.

Die konzentrative Selbstversenkung des autogenen Trainings hat also den Sinn, sich mit genau vorgeschriebenen Übungen immer mehr innerlich zu lösen, zu versenken und so für den gesamten Organismus eine von innen kommende Umschaltung zu erreichen, die es erlaubt, Gesundes zu stärken, Ungesundes zu mindern oder abzustellen. Wie der Mensch, der Lesen gelernt hat, nun lebenslänglich lesen »muß«, wenn er Schriftzeichen sieht, so kann dem autogen Trainierten eine entspannt-gelassene Haltung zur zweiten Natur werden. Wir sprechen von einem »erworbenen Vollzugszwang im normalen Seelenleben«.

Was kann dabei grundsätzlich erreicht werden? Alles, was Entspannung und Versenkung leisten können, wie es schon die wissenschaftlich-ärztliche Hypnose bewies, also:

1. **Vertiefte Erholung** in kurzer Zeit.

2. **Selbstruhigstellung**. Das aber geschieht nicht durch krampfhaftes »Zusammennehmen«, sondern durch innere Lösung. Ärger, Heftigkeit, Angst und andere störende Gemütsbewegungen sind nur deshalb so mächtig, weil sie den ganzen Organismus erschüttern. Der bekannte Arzt HEYER formulierte es besonders plastisch, wenn er sagte: »Wer es gelernt hat, im autogenen Training ›sich – zu – lassen‹, wird durch regelmäßiges Trainieren ›gelassen‹«.

1. Vorversuch: Man zittere absichtlich so schnell wie möglich mit einer Hand und betaste mit der anderen Hand den Unterarm nahe am Ellenbogen, wo er am meisten Muskeln hat: Der Arm fühlt sich steinhart an. Danach lasse man die Hand lose hängen, jetzt ist kein Zittern möglich. Der Arm ist weich, weil seine Muskeln entspannt sind.

Da Angstgefühle mit Zittern verlaufen, Zittern, wie die Härte der Arme zeigt, aber Spannung ist, leuchtet es ein, daß Angst schwächer wird, wenn man entspannt. Auch das Wort »Angst« (= Enge) weist auf Verkrampfung hin. Beherrscht ein Mensch die konzentrative Selbstentspannung, kann er im Augenblick der Angst sich selbst innerlich lösen. Aus dem überwältigenden Sturm im Organismus durch das Angstgefühl wird höchstens ein blasser Angstgedanke, mit dem man fertigwerden kann. Dadurch hat eine Selbstruhigstellung durch »Resonanzdämpfung der Affekte« (der Gemütsbewegungen) stattgefunden. Im gleichen Sinne ist das autogene Training der natürliche Weg zum Schlaf.

3. **Selbstregulierung** sonst »unwillkürlicher« Körperfunktionen wie z.B. des Blutkreislaufs.

4. **Leistungssteigerung** z.B. des Gedächtnisses dadurch, daß der Übende lernt, dreimal täglich für eine befristete Zeit seine Gedanken zu sammeln und wohl auch, weil er sich in

gefühlsmäßig belastenden Situationen (z.B. Examen) besser selbst ruhigstellen kann.

5. **Verringerung der Schmerzwahrnehmung** durch einen Zerfall des Schmerzerlebnisses, wodurch sich der Schmerz so verändert, daß seine pathische Komponente nicht oder nur sehr abgeschwächt in Erscheinung treten kann. Es handelt sich aber nicht um eine Unterdrückung von Schmerzäußerungen.

6. **Selbstbestimmung** durch formelhafte Vorsätze, die in der Versenkung eingebaut werden und wie die oben erwähnten posthypnotischen Suggestionen automatisch wirken.

7. **Selbstkritik und Selbstkontrolle** durch »Innenschau« in der Versenkung.

B Die Übungen

Für die Übungen können folgende Haltungen eingenommen werden:

1. Am besten ist wohl zunächst die **Liegehaltung**, wobei in bequemer Rückenlage mit unterstütztem Nacken geübt wird. Die Arme liegen mit leicht gebeugten Ellenbogen neben dem Leib, die Handflächen nach unten. Die Fußspitzen sollen locker nach außen fallen.

2. Sehr geeignet ist die **Sitzhaltung**. Sie kann in einem Lehnstuhl mit hoher Lehne, an der sich der Kopf stützen kann, mit weichen Seitenlehnen, auf denen die Unterarme zwanglos sicher ruhen, durchgeführt werden. Aber auch jeder andere einigermaßen bequeme Stuhl erfüllt den Dienst. Nur daß man hier den Kopf nicht an eine Lehne wird anlehnen können, sondern wie bei der später noch zu beschreibenden Droschkenkutscherhaltung den Kopf fallen läßt.

3. Ist weder Gelegenheit zu bequemem Sitzen noch zum Liegen gegeben, kann auch eine dritte Haltung für die Übung benutzt werden: Man setzt sich gerade auf eine Bank, einen Hocker ohne Lehne oder vorne auf einen Stuhl, so daß die Lehne vom Rücken entfernt ist. Nun läßt man sich im Sitzen senkrecht in sich selbst zusammensacken, wobei die Arme seitlich herunterhängen und der Kopf senkrecht über dem Gesäß bleibt, nie aber nach vorn über die Oberschenkel sinkt. Der Rücken wird krumm, der Kopf hängt etwas nach vorn herunter. Dabei darf aber keine Fallneigung nach vorn eintreten, sondern der Rumpf muß senkrecht in sich zusammensinken. Läßt man jede Muskelhaltung fort, wird man vom Skelett (Knochengerüst), besonders von der Wirbelsäule, ihren Gelenken und Bändern, aufgefangen. Man hängt in seinem Knochen-Gelenk-Appa-

rat ohne jede Muskelleistung. Nun werden die Arme lose schwingend bewegt und auf die gespreizten Oberschenkel so aufgelegt, daß der Unterarm nahe den Ellenbogen vom Oberschenkel unterstützt wird. Die Arme sind dann wieder in der beschriebenen Weise gebeugt. Der Körper hängt ohne jede Muskelarbeit in seinen Knochen. Das ist die **Droschkenkutscherhaltung**.

Die Haltungen müssen vor dem Üben noch ärztlich kontrolliert werden. Dabei empfiehlt es sich, die Übenden anzuregen, nicht nur regelmäßig im Liegen zu üben, sondern mindestens einmal täglich auch eine Übung im Sitzen, sei es in der Sitzhaltung oder Droschkenkutscherhaltung durchzuführen.

2. Vorversuch: Stützt man beide Ellenbogen auf einen Tisch und nimmt zwischen die Spitzen der Zeigefinger einen etwa 30 cm langen Faden, an dem unten ein schwerer Gegenstand, z.B. ein Ring hängt, so führt dieses »Pendel« jede Bewegung aus, auf die man sich geistig einstellt, ohne daß man diese Bewegung wahrnimmt. Wird eine Uhr unter den Ring gelegt und betrachtet man die Richtung 6 – 12 auf dem Zifferblatt, so fängt das Pendel scheinbar »von selbst« an, in der gedachten Richtung zu schwingen. Macht man zum Vergleich dieselbe Bewegung absichtlich, hat man ein ganz anderes Gefühl: Man weiß, daß man »tätig« ist, »sich anspannt«.
Auch die zweite Schule von Nancy, und hier besonders Baudouin hat sich sehr mit dem Pendelversuch beschäftigt, zahlreiche Varianten beschrieben und sorgfältig analysiert. Diese wurden unter anderem in dem immer wieder aufgelegten Buch *Suggestion und Autosuggestion* beschrieben (6. Aufl., Schwabe, Basel: 1972).

Ein genügend festgehaltener Gedanke, eine »Sammlung« oder »Konzentration« bewirkt demnach eine erkennbare Bewegung, von der man nichts merkt, d.h. eine **unbemerkbare** oder **unwillkürliche** Bewegung. Das kann jeder normale Mensch. Nicht die »Seele denkt« und der »Körper bleibt ruhig«, sondern der ganze Mensch »erlebt« nach der Konzentration die deutliche Bewegung des Pendels.

Der einfache kleine Versuch zeigt auch den Weg für die Übungen. Wenn z.B. die Muskeln eines Armes durch Konzentration entspannt werden sollen, muß nur der Zustand der Entspannung mit Konzentration innerlich erlebt werden. Die Lösung der Muskelspannung zeigt sich als Schweregefühl. Im autogenen Training konzentrieren wir nun: **Der Arm ist schwer**. Wie die Bewegung im Pendel, tritt nun beim Normalen das Schweregefühl, die Muskelentspannung ein, wie die Beobachtung durch den Übungsleiter zeigt.

Selbstverständlich sind solche Übungen nur möglich und wirksam, wenn der Übende sich ganz »auf sich selbst«, »nach innen« wendet. Daher verringert jedes Sprechen beim Üben das als Zielvorstellung schon angesprochene »autogene Grundprinzip«. Wenn ein Arzt während des Übens gar ungebührlich viel, oder gar ausschmückend vorspricht bzw. gar eine Platte oder ein Tonband laufen läßt, wie man dies in letzter Zeit bedauerlicherweise oft feststellen muß, kann der Übende nicht mehr im eigentlichen Sinne in sich selbst üben, sondern unterliegt einer leichten Hypnose alten Stils (Heterohypnose).

Autogenes Training erfordert daher völliges Stillschweigen*.

Als nächstes möchte der Bearbeiter eine kleine Einschiebung folgen lassen: Die älteren Übungsleiter beginnen zumeist mit der *Ruheübung*, die SCHULTZ ursprünglich selbst bis etwa 1961 vorangestellt hatte. Dem Gesetz der Monotonie hatte er mit Recht große Bedeutung beigemessen. Diese Monotonie spielte sich durch die sich wiederholende Konzentration »Ich bin ganz ruhig« und dann »rechter Arm

* Es kann höchstens in Form eines knappen begleitenden Vorsprechens vertreten werden, das sich ganz an die realisierte Konzentration des Übenden anpaßt und ohne die Konzentration auszuschmücken. Um den von außen kommenden Anstoß noch sparsamer zu machen, genügt es, nur einen Teil der gemeinsamen Übung mit Übungsleiter in dieser Form sparsam begleitend vorzusprechen, im übrigen aber dem Grundprinzip des völligen Stillschweigens zu folgen, d.h. die Übenden etwa ein Drittel oder die Hälfte der Zeit ganz für sich in der Gruppe üben zu lassen.

schwer« gut ein, bis nach der Generalisation des Schwereerlebnisses die Konzentrationen zusammengefaßt werden konnten zu »Ruhe – Schwere«. Auch hier können monotone Verhaltensweisen gut an den Übenden herangetragen werden, gleichgültig ob er sich dem kurzen, sparsamen, begleitenden Vorsprechen hingibt oder selbsttätig die Übung so trainiert. Durch die neuerdings praktizierte Übung der sechsmaligen Konzentration von Schwere bzw. dann später auch Wärme und der nur immer wieder eingeschobenen Konzentration von Ruhe kann nach Auffassung des Bearbeiters dem Gesetz der Monotonie nicht so optimal Rechnung getragen werden. Dies teilen einem Übende selbst auch immer wieder mit.
Es scheint aber im ganzen nicht so entscheidend wesentlich, so daß es bei dieser mehr historischen Reminiszenz bleiben sollte, um nun den Ausführungen des Autors selbst weiter zu folgen. Diejenigen aber, denen die monotone Form der Konzentration mehr liegt, denen dies daher mehr ihrem »autogenen« Empfinden entspricht, sollten diese Form wählen, die anderen die jetzt zu beschreibende. Es soll ja jeder **seine Form** von autogenem Training lernen, ohne deshalb das Grundprinzip der Übung zu verlassen.

Nach diesem Prinzip wird im autogenen Training konzentrative Entspannung in sechs Gebieten oder Schritten erarbeitet:

1. Muskeln
2. Blutgefäße
3. Herz
4. Atmung
5. Leiborgane
6. Kopf

Von vornherein mit dem ganzen Organismus zu üben wäre falsch, weil dann die Konzentration ein zu großes Feld haben würde. Daher soll die Übungsarbeit mit einem Arm beginnen, beim Rechtshänder rechts, beim Linkshänder links. Zur Übung ist eine bequeme Sitz- oder Liegehaltung erforderlich, ein ruhiges kühles, leicht abgedunkeltes Zimmer erwünscht. Die Ellenbogen der gut unterstützten Arme sollen leicht gebeugt sein. Die gesamte Haltung ist durchaus bequem, da sonst aus mechanischen Gründen Spannungen einsetzen, die das Üben unmöglich machen.

Auch wenn nur ein Arm geübt und dort das Schweregefühl erlebt wird, breitet sich die Wirkung meist ganz spontan, ohne äußeres Zutun auf den anderen Arm aus, d.h. ohne zusätzliche Konzentration und damit erneut im besten Sinne des Wortes »autogen«. Jede Übung sollte so lange an einem Arm durchgeführt werden, bis sie sich **von selbst** auf den anderen Arm und dann auf die übrigen Gliedmaßen ausbreitet, d.h. generalisiert. Wer im Beginn der Übung bald mit diesem, bald mit jenem Arm übt oder absichtlich »willkürlich« die Konzentrationen wechselt, bekommt nie gute Resultate. Es muß erst in einem Arm eine stärkere konzentrative Sammlung entstehen und entspannend auf die anderen Gliedmaßen überfließen. Nur wer genau übt, bekommt Sicherheit, Geläufigkeit und damit Erfolg.

Lediglich wenn das Schweregefühl vom Übenden in einem Arm wahrgenommen wird, der ärztliche Übungsleiter aber schon eine Ausbreitung des Schwereerlebnisses feststellt, sollte die Anregung zu folgender selbständiger Konzentration gegeben werden: **Beide Arme schwer** (der Bearbeiter).

1. Übung: Die Schwereübung (Muskelentspannung)

An und für sich könnte man beim konzentrativen Entspannen von den verschiedenen Körpergebieten und Körperfunktionen ausgehen, z.B. auch von der Atmung. (Über die Veränderung des Atemvorganges steigen alle asiatischen Meditationen in die psychophysische Gesamtumschaltung ein.) **Das autogene Training aber nimmt seinen Ausgang von den Bewegungsmuskeln**, weil sie dem abendländischen

Menschen am vertrautesten und seiner Selbstverfügung am meisten unterstellt sind. Außerdem zeigen die Erfahrungen in der Hypnose, daß gerade die **Muskelentspannung** sich besonders schnell und deutlich zeigt. Sie wird als **Gliederschwere** empfunden und ist jedem Menschen vom abendlichen Einschlafen bekannt, wenn sich die »Glieder lösen«, wie der Grieche sagt. Jede Zuwendung zum Leben und nach außen ist mit Muskelspannung verbunden. Das Blicken, Sprechen, Greifen beruht auf Muskelbewegungen. Lebhafte Erwartung wird deswegen mit Recht als Spannung bezeichnet, weil bei ihr alle Muskeln »angespannt« sind. Auch scharfes Nachdenken ist vielen Menschen anzusehen, weil sie dabei die Stirn in Falten legen. Jedes Wollen, ja schon das lebhafte Denken an eine Bewegung gibt Spannung in die Bewegungsmuskeln. Deshalb fühlen wir uns in »aufrechter Haltung« anders als in schlaffer, niedergedrückter.

Wenn also die oben beschriebene Ausgangshaltung entweder im Sitzen oder im Liegen eingenommen ist und vom Übungsleiter kontrolliert wurde, sollte sich nach Augenschluß der Übende möglichst geistig lebendig – unter Umständen nach der Konzentration »ich bin ganz ruhig« (s.o.) – die Schwere einstellen, ohne dabei irgendeine Bewegung zu machen, ohne zu sprechen oder sonstwie irgend etwas zu »tun«. Die jedem Übenden einfallenden Gedanken, Vorstellungen, Erinnerungen usw. sollten nicht abgewehrt werden, da dies doch gerade eine Verkrampfung bedeuten kann. Die Übungsformeln sollen vielmehr wie ein Tonband geistig monoton abrollen. Andere Einfälle, Vorstellungen usw. sollten dabei ignoriert werden.

1. »*Der rechte (linke) Arm ist ganz schwer*«.
   (Erste Übungsformel), etwa sechsmal konzentrieren nach der neuen Anweisung (s.S. 11).

2. »*Ich bin ganz ruhig*«. (Zielrichtung der ganzen Arbeit ursprünglich abwechselnd mit der Schwerekonzentration; jetzt nach jeder sechsten Schwerekonzentration).

Bei Normalen zeigt sich bald eine deutliche Schwereempfindung, am häufigsten in der Ellenbogen- oder Unterarmgegend.

Nach etwa einer Minute erfolgt das **Zurücknehmen**, das nun in genau der gleichen Weise geübt werden muß. Damit der ganze Vorgang mehr und mehr völlig automatisch abläuft, steht das Erlernen der Umschaltung des Organismus im Mittelpunkt der gesamten autogenen Arbeit. Das »Zurücknehmen«, das ja beim autogenen Training der Desuggestion entspricht, soll in folgender und gleichbleibender Weise geschehen:

1. Beide Arme werden ein paarmal mit energischen Ruck gebeugt und gestreckt.
2. Es wird tief ein- und ausgeatmet.
3. Die Augen werden geöffnet.

Als kurzes Formelkommando:

1. »*Arme fest!*«
2. »*Tief atmen!*«
3. »*Augen auf!*«

Die Beinschwere bedarf, auch wenn sie sich im Zuge der Ausbreitung zeigt, keines besonderen Zurücknehmens, da sich die Beine automatisch wieder spannen. Dafür aber kann es bei fortgeschrittenem Übungsstand sinnvoll sein, das Zurücknehmen nicht durch einen energischen Ruck der Arme zu beenden, sondern durch ein kräftiges Ballen beider

Hände zu Fäusten. Das tiefe Atmen und das Augenöffnen aber bleiben gleich. Das hat den Vorteil, daß ein Übender, immer unter der Voraussetzung, daß er die Übung schon gut beherrscht, diese eben auch in Situationen durchführen kann, in denen es ihm peinlich sein könnte, die Übung durch eine so auffallend wirkende Anspannung beider Arme zu beenden. Nur wenn genau, sorgfältig und ausdauernd die Entspannung dargestellt und exakt zurückgenommen wird, kann sich eine zuverlässige Übung entwickeln. Man stelle sich vor, einem Kinde würde jeden Tag eine andere Sprache vorgesprochen: Es würde nie eine Sprache beherrschen lernen.

Das autogene Training aber trägt nur Frucht, wenn seine Methode beherrscht wird.

Ebenso wie mit dem Gang der Übung muß der autogen Trainierende mit der **Übungszeit** sorgfältig sein. In den ersten acht Tagen soll nur zwei- bis dreimal am Tage eine Übung gemacht werden. In jeder Sitzung kann zweimal zuerst je etwa 1 bis maximal 2 Minuten geübt werden. Später, wenn die Übungen beherrscht werden, kann, solange der Zustand angenehm ist, länger geübt werden. Wird im Anfang die einzelne Übung verlängert, treten bei den meisten Übenden Spannungen auf, weil sie es zu »gut« machen wollen. Der Übende merkt dann, daß die Armschwere schwindet, statt mit fortschreitendem Üben intensiver zu werden.

3. Vorversuch: Man lege den Arm entspannt bequem auf: Er wird als schwer empfunden. Dann hebe man den Arm in die Schulter: Die Empfindung der Armschwere verschwindet.

Nach vier bis sechs Übungstagen wird das Schweregefühl im Übungsarm immer deutlicher und tritt immer schneller ein. Zugleich wird es auch in den anderen Gliedmaßen fühlbar, am häufigsten im anderen Arm. Ist das Schweregefühl in beiden Armen deutlich, so muß die Formel in »Arme schwer« oder in »beide Arme schwer« geändert werden. Hier muß der Bearbeiter auf einen ungemein häufig vorkommenden Fehler aufmerksam machen, den er oft bei Trainierenden beobachten konnte, die von anderen Übungsleitern gelernt hatten: Die Übenden bleiben zu lange bei dem ersten Übungsarm, d.h. bei der Konzentration »Rechter Arm schwer«, auch wenn die Ausbreitung auf den anderen Arm oder gar auch schon über die Arme hinaus auf die Beine erfolgt ist. Dadurch wird die Generalisationstendenz als ein ja typisch autogen sich spontan ausbreitender Entspannungsvorgang erschwert, verzögert, ja manchmal sogar unmöglich gemacht.

Aus diesem Grunde sollte man beim Bericht des Übenden, er spüre auch schon ein Ziehen im anderen Arm, also zum Beispiel im linken Arm, gleich die Anregung geben, nun zu konzentrieren »Beide Arme schwer«. Andernfalls hält der Übende die Schwere zu lange am initialen Übungsarm fest, da die Phänomene der Aufmerksamkeit und der körperlichen Umschaltung ineinander übergehen.

Einzelne Übungsleiter beginnen ja auch von vornherein die Übung mit der Konzentration »Beide Arme schwer«. Wenn der Bearbeiter, ebenso wie SCHULTZ selber, eine derartige Auffassung nicht befürwortete, so soll an dieser Stelle doch darauf aufmerksam gemacht werden, daß es sich bei der Tonusänderung der Muskulatur, und hierum handelt es sich ja bei der Schwereübung, immer um ein reflektorisches Geschehen handelt, das immer symmetrisch auftritt. Die subjektive Feststellung der Verringerung der Muskelspannung im Übungsarm ist ein Phänomen der Aufmerksamkeit, worauf bei der Wärmeübung noch kurz eingegangen werden wird.

Normalerweise ist in 10 bis 14 Tagen die Übung soweit vorgeschritten, daß durch einen Augenblick innerer Konzentration sich Arme und ein wenig später auch beide Beine entspannen. Jetzt kann unter Umständen bei Normalen die

Übungszeit etwas verlängert werden. Das »Kurztraining«, d.h. also die auf etwa 2 bis maximal 3 Minuten begrenzte Übung, sollte aber immer im Mittelpunkt stehen, schon um die Übung nicht zu stark zum Selbstzweck werden zu lassen.

2. Übung: Wärmeerlebnis (Gefäßentspannung)

Muskelübungen haben an und für sich nichts Überraschendes, da der Laie die Bewegungen der Muskeln für »willkürlich« hält. Merkwürdiger scheint schon, daß die Weite der Blutgefäße durch Konzentration geübt werden kann. Aber Gemütsbewegungen sind ja bekanntlich mit Veränderungen der Gefäßweite verbunden, z.B. Erröten, Erblassen. Die Abhärtung durch Luft- und Wasserbäder »übt« die Blutgefäße. Wir bewegen uns hier also auf sicherem Boden. Die Übungsfähigkeit der Blutgefäße in der Hypnose ist ebenfalls bekannt. Das autogene Training verfolgt mit diesen Erfahrungen ein doppeltes Ziel:

1. Körperbeherrschung,
2. Versenkung durch Entspannung.

Systematisch geübt wird hier der Beweis geliefert, daß der Normale diese Funktion weitgehend selbsttätig beherrschen lernen kann.

Die vom Herzen in den Körper leitenden Arterien, die Haargefäße (Kapillaren) in den Organen und die das Blut zurückführenden Venen bilden einschließlich des Lungen- und Leberkreislaufes sozusagen das »periphere Herz«. Das Unterhautgewebe kann ein Drittel des Blutes aufnehmen. Die Verteilung des Blutes in den Gefäßen wird durch Erweiterung und Verengung der Gefäße durch das Nervensystem reguliert und richtet sich nach Leistung, Erregung (Gemütsbewegung) und Hemmung. Das »periphere Herz«, das Gefäßsystem also, ist ein lebendiger Apparat mit wechselndem Druck und wechselnder Strömungsgeschwindigkeit. Jede Einzelreaktion ist mit dem Ganzen zusammengeschaltet.

Ist das Schwereerlebnis gut, d.h. über beide Arme und Beine sich ausbreitend erarbeitet, wird die Übung zusammengefaßt zu:

1. »*Arme und Beine sind ganz schwer*«,
   später einfach »*Schwere*«, sechsmal (nach der neueren Fassung der Übung),
2. »*Ich bin ganz ruhig*«, später »*Ruhe*«, einmal (ebenfalls nach der neueren Fassung der Übung).
3. »*Der rechte (linke) Arm ist ganz warm*«, sechsmal konzentriert, dann einmal »*Ruhe!*« und dies immer so weiter, bis auch das generalisierte Wärmegefühl sich eingestellt hat, so daß dies dann ebenfalls zusammengefaßt werden kann zu »*Wärme*«.

Bei einem mit durchschnittlichem Erfolg Übenden zeigt sich bald, meist in der Ellenbogen-Unterarmgegend, eine strömende Wärme. Ebenso wie die als Schwere fühlbare Muskelentspannung mit elektrischen Meßgeräten (z.B. Myographie und anderen Methoden) ausgewertet werden kann, ist die Wärmeempfindung als eine Umstellung des lebenden Organismus nachgewiesen. Seine periphere Wärmeausstrahlung wurde gemessen. Dabei stellte man fest, daß eine um etwa 1° C gesteigerte Wärmeausstrahlung an der Peripherie der Körperoberfläche erfolgt.

Ein »Zurücknehmen« des Wärmeerlebnisses, d.h. ein willkürliches Beenden der Wärmeübung, ist nicht nötig, da die Blutgefäße elastische, vom Organismus regulierte Gebilde sind, die von selbst zur gewohnten Weite zurückkehren.

Wird jede Übung genau und vollständig durchgeführt, kann man im weiteren Verlauf normalerweise nach zwei Wochen beobachten, wie das Wärmegefühl zuerst im Unterarm immer deutlicher und dann auch in allen vier Gliedmaßen fühlbar wird.

Dabei gehen Schwere und Wärme auch mehr und mehr auf den Rumpf über.

Blutgefäßentspannungsübungen sind durchaus nicht als harmlos anzusehen, da durch die veränderte Blutverteilung der Organismus u.U. stark beeinflußt wird. Gerade die Wärmeübungen sollten daher unter mehr oder weniger direkter ärztlicher Kontrolle durchgeführt werden, da nur der Arzt auf Grund fachlicher Schulung entscheiden kann, ob Bedenken vorliegen.

Mehrere Untersuchungen (Polzien u.a.) zeigten eine Umstellung der gesamten inneren und äußeren Blutverteilung während des autogenen Trainings.

Wird beim autogenen Training eine neue Übung angeschlossen, wie jetzt die Gefäßentspannung nach dem Schwereerlebnis, soll der Übende sich immer in der Hauptsache auf eine gründliche Darstellung des Bekannten konzentrieren und das Neue zunächst nur kurz anschließen, wie es im Beginn der Schwereübung dargestellt wurde (s.S. 13).

Ist der Zustand des generalisierten Schwere- und Wärmeerlebnisses erreicht, und gelingt es der Übungsperson, auf die Konzentration von »Ruhe, Schwere, Wärme« in kurzer Zeit eine »Umschaltung« in diesen Bereichen zu erwirken, entsteht ein Zustand, der auch vereinzelt besonders benannt worden ist. Da nach einer neueren Verabredung zwischen den Vorstandsmitgliedern der Deutschen Gesellschaft für ärztliche Hypnose und autogenes Training angestrebt werden soll, statt der bisherigen Bezeichnung »Unterstufe des autogenen Trainings« die Bezeichnung »*Grundstufe des autogenen Trainings*« zu verwenden, soll die bisher übliche Benennung des bisher erreichten Zustandes in diesem Zusammenhang hier schon zum Ausdruck gebracht werden (Der Bearbeiter).

Sind schließlich Schwere und Wärme schnell und deutlich erreicht, schließen sich die weiteren Übungen an, nach deren Beherrschung dann die Grundstufe des autogenen Trainings erreicht ist.

3. Übung: Herzregulierung

Das Herz ist ein überaus kräftiger, mit kurzen Erholungssekunden unermüdlich arbeitender Pumpenmuskel, der in seiner Funktion durch zahlreiche Nerven abgesichert ist. Durch das Wärmeerlebnis hat der Übende schon die Blutgefäße als »unwillkürliches Körpersystem« selbsttätig zu beeinflussen gelernt. Dasselbe geschieht in der 3. Übung mit dem Herzen. Die Entspannung der Muskeln wurde durch die Konzentration »Schwere«, die der Blutgefäße durch das Erlebnis »Wärme« erreicht. Was fühlt man am Herzen? Manche Menschen kennen die körperliche Empfindung ihres Herzens von Anstrengungen, Erregungen, Fieber usw. Jedem zweiten durchschnittlichen Menschen aber sind die Herzempfindungen nicht geläufig. Er muß sie sich erst »entdecken«.

Übende, die keine örtliche Empfindung des Herzens erleben, können oft den Pulsschlag in einer beliebigen anderen Körperstelle wahrnehmen und sich hieran orientieren. Mit weiterem Üben stellt sich dann gelegentlich auch das Herzerlebnis spontan ein. Geschieht es nicht, wird versucht, das Herzerlebnis selbst zu entdecken: Dabei wird in Rückenlage der rechte Ellenbogen so unterstützt, daß er ebenso hoch liegt wie der Brustkorb. Nun wird die rechte Hand auf die Herzgegend gelegt. Sie entspricht etwa der linken oberen Westentasche. Der linke Arm liegt wie üblich. Danach werden Schwere, Wärme, Ruhe eingestellt und in Gedanken dorthin in die Brustwand konzentriert, wo die Hand aufliegt. Der Druck der Hand ist eine Art Wegweiser. Nach einigen Übungen werden nun Herzempfindungen bemerkt und unter steter Wiederholung des ganzen Übungsganges (»Schwere – Wärme – Ruhe«) in diese Gegend des Körperinneren konzentriert:

»*Herz schlägt ruhig und kräftig*«; bei leicht Erregbaren: ». . . *ruhig und regelmäßig*«, sechsmal, dann einmal »Ruhe«.

Ist die Herzempfindung gelernt, das »Herzerlebnis« entdeckt, wird die Hand nicht mehr auf die Herzgegend gelegt, sondern in üblicher Haltung weitergeübt und das Herz »direkt«, ohne äußere Hilfe reguliert. In der Übung sollte der Herzschlag aber nicht durch Konzentration verlangsamt werden, da dies nachteilig sein kann. Nach längerer Übung kann dann, wenn ärztlich angezeigt, eine Beeinflussung der Pulsfolge angestrebt werden. Speziell für die Herzübung ist eine **besonders sorgfältige ärztliche Aufsicht** anzuraten.

4. Übung: Die Atemeinstellung

Die Atmung steht auf der Grenze von willkürlich steuerbarer und selbsttätig ablaufender Tätigkeit. Im autogenen Training wird die in der Muskel-, Blutgefäß- und Herz-Ruheentspannung erarbeitete innere Lösung unmittelbar in die Atmung hineintrainiert, wie sich auch die Schwere und Wärme »von selbst« von dem einen Übungsarm am Beginn auf die anderen Gliedmaßen ausgebreitet, d.h. generalisiert haben. Im autogenen Training ist jede absichtliche Selbstbeeinflussung der Atmung eine Störung; denn sie würde ja Spannung und Willkür bedeuten. Der Übende hat sich so einzustellen, daß erst die Übungshaltungen 1–3 sorgfältig erlebt werden. Daran soll sich dann die Konzentration anschließen:

»*Atmung ruhig*«.

Für viele Übende ist die Verführung groß, mit der Atmung irgend etwas absichtlich zu machen, etwa im Sinne einer irgendwo gelernten Atemübung. Das muß für das autogene Training unbedingt vermieden werden. Die Atmung soll aus dem gesamten Ruhtönungserlebnis heraus in eine ganz ruhige Einstellung kommen. Um jedes falsche absichtliche Atmen auszuschalten, ist die ergänzende Konzentration zu empfehlen:

»*Es atmet mich*« (oder: »*Es atmet in mir*« [Der Bearbeiter]).

Die Atmung soll sich aus der Ruheentspannung heraus gestalten, den Übenden »tragen« und »nehmen«. Er soll sich der Atmung hingeben wie beim Schwimmen auf leicht bewegtem Wasser in passiver Rückenlage*.

5. Übung: Regulierung der Bauchorgane (»Sonnengeflecht«)

Ebenso wie Gliedmaßen und Brust (Atmung, Herz) sollen die Bauchorgane entspannt werden. Der Übende stellt sich zu diesem Zweck auf den größten Lebensnervenknoten des Bauchraums, auf das Sonnengeflecht ein. Er liegt an der hinteren Bauchwand, etwa in der Mitte zwischen Nabel und un-

---

* An dieser Stelle soll nochmals kurz erwähnt werden, daß ein sehr großer Teil von Selbstversenkungsmethoden, wie wir sie in zahlreicher Form im asiatischen Kulturraum finden, von vornherein über eine Änderung der Atemregulierung geht. Aus diesem Grunde wäre zu überlegen, ob nicht im Laufe der Zeit man auch eine Umstellung dieser Übungen durchführen sollte und lieber die Atemübung vor die Herzübung nimmt, was schon bei mehreren Übungsleitern durchgeführt wird. Im großen und ganzen kann man dabei sagen: Je jünger die Übenden sind, um so größer scheint die Komplikationsrate bei der Herzübung zu sein, während bei der Atemübung eine derartige Komplikation so gut wie nie zu beobachten ist. Auch das rechtfertigt für die Zukunft eine Umstellung dieser beiden Übungen (Der Bearbeiter).

terem Ende des Brustbeins. Hierhin konzentriere der Übende als nächstes, nachdem die Übungen 1 – 4 erarbeitet worden sind:

»*Ruhe, Schwere, Wärme, Sonnengeflecht strömend warm*«.

Gerade die letzte Konzentration sollte dann ein paarmal wiederholt werden. KRAPF hat die »Sonnengeflechtsübung« variiert in »Leib warm«, oder »Leib strömend warm« und hat damit gute Erfolge.

Auch diese Übung erfordert bei einem die Übungen durchschnittlich gut Realisierenden 10 – 14 Tage. Sie wird wie bei der Wärmeübung ausgeführt und nach der 4. Übung eingeschaltet. Die Vorstellung, daß der Atem beim Ausatmen in den Leib ströme, kann oft helfen.

Übt man mit physiologisch geschulten Personen, die an der Physiologie wissenschaftlich interessiert sind, bekommt man immer wieder Einwände zu hören, daß die bei dieser Übung auftretenden Phänomene nicht alle physiologisch erklärbar zu sein scheinen. Darauf soll aber hier nicht eingegangen werden.

Nun liegt bei normalem Übungsgang der Übende mit schwerem, strömend warmem, ruhig durchatmetem und durchpulstem Körper entspannt da.

Hierzu tritt nun die sechste Übung.

6. Übung: Einstellung des Kopfgebietes

Im Beruhigungsbad (KRAEPELIN u.a.), das der Einstellung im autogenen Training als Modell dienen kann, wird die beruhigend lösende Wirkung verstärkt, wenn eine kühle (nicht kalte) Kompresse auf der Stirn liegt. Wir verlangen von einem »rechten« Menschen, daß er ein warmes Herz und einen kühlen Kopf hat. Unruhe drängt das Blut zum Kopf. Im autogenen Training wird daher die Kopfgegend, die »Kopfsphäre«, unter eine besondere Einstellung gesetzt. Der Übende stellt die Haltungen 1 – 5 sorgfältig dar und konzentriere sich vorsichtig zunächst nur für wenige Sekunden, etwa zweimal bis zur ersten örtlichen Empfindung, dann drei- bis sechsmal:

»Stirn angenehm kühl«.

Die Wärmekonzentrationen und die damit verbundenen Wärmeerlebnisse führten zu eindeutig meßbaren Gefäßerweiterungen, die teilweise auch mit Hauttemperaturerhöhungen einhergingen. Anders scheint es beim Kühleerlebnis der Stirn zu sein. Die bisher von uns durchgeführten Messungen – sie sind noch nicht ganz abgeschlossen, so daß sie nicht wissenschaftlich exakt ausgewertet werden können – scheinen aber dafür zu sprechen, daß es sich bei dieser Konzentration »Stirn angenehm kühl« mehr um ein psychologisches Phänomen als um physiologische Erscheinungen handelt. Durch die Konzentration »Stirn angenehm kühl« ist die Aufmerksamkeit eben auf die Stirn gerichtet, wodurch man auch leichtere Luftbewegungen wahrnimmt, die dann subjektiv das Gefühl der Kühle vermitteln. Erst wenn Übende längere Zeit, und das über Monate, von den Grundübungen oder auch von der Grundstufe (früher Unterstufe) des autogenen Trainings aus die Konzentration »Stirn angenehm kühl« sich einstellen, scheint es bei einzelnen in der Tat zu einer geringfügigen Vasokonstriktion dort zu kommen. In wieweit sie aber statistisch verwertbar ist, daß man diesen Befund eindeutig physiologisch auswerten kann, muß noch durch weitere Untersuchungen belegt werden.

Wesentlich aber scheint in der Tat, daß durch die Konzentration »Stirn angenehm kühl« der Kopf als das geistig steuernde Zentrum aus dem übrigen Körperbereich herausgenommen wird, wodurch erneut ein besonders angenehmes subjektives Empfinden entsteht.

Vorsichtig muß man lediglich bei dieser Stirnkühleübung sein, wenn es sich um Patienten handelt, die an Spannungskopfschmerzen oder andersartigen anfallsartigen Kopfschmerzzuständen leiden. Dann empfiehlt sich in jedem Fall die abgeschwächte Konzentration, etwa in Form von »*Stirn angenehm und ein wenig kühl*«.

Mit den sechs beschriebenen generalisierten Übungen ist das autogene Training in seiner Grundübung – früher Unterstufe bezeichnet – aufgebaut.

Die Gesamtübung* umfaßt nun nach der Ruhe als Ausgangserlebnis, in Form der Konzentration »*Ruhe*«:

»Arme und Beine sind schwer« bzw. »*Schwere*«.

»Arme und Beine sind warm« bzw. »*Wärme*«

»*Herz schlägt ruhig und kräftig*« (oder »ruhig und regelmäßig«)

»*Atmung ganz ruhig – es atmet mich*« (dabei können unter Umständen die Herz- und die Atemübung umgestellt werden).

»*Sonnengeflecht strömend warm*«

»*Stirn angenehm kühl*«

Dann erfolgt das »Zurücknehmen«, wie dies ja schon zu Anfang erklärt wurde in Form von: »Arme fest, tief atmen, Augen auf«.

---

* Vor allem das kursiv Gesetzte sollte konzentriert werden (Der Bearbeiter)

Nach längstens zweieinhalb bis drei Monaten sind bei durchschnittlich Realisierenden die 6 Übungen erworben. Sie sollten nun durch tägliches Üben, mindestens einmal, optimal zwei- bis dreimal täglich, in den folgenden vier bis sechs Monaten so angeeignet werden, daß die Intensität der Befunde immer größer wird und immer schneller eintritt. Jede Gesamtübung wird durch sorgfältiges Zurücknehmen (»Arme fest, tief atmen, Augen auf«) abgeschlossen.

So lernt der Organismus, sich auf innere Konzentration in allen Systemen tief zu entspannen und beim Zurücknehmen wieder aktiv zu spannen. Die Übenden erwerben also eine **selbstgesetzte Entspannungs-Spannungs-Schaltung.**

Ist durch vereinheitlichtes Üben ein fast schlagartiges Umschalten erreicht, genügt für die praktische Verwendung oft eine **Teilentspannung**, zu der sich besonders das **Schulter-Nacken-Feld** eignet. Läßt der Übende im Stehen hier intensive »Schwere« erscheinen, führt dieses Teilerlebnis die Gesamtentspannung mit allen ihren Vorteilen herauf, ohne daß eine besondere Körperhaltung nötig ist.

C Verlauf und Anwendung

In der Übung soll nie **krampfhaft** eine Einstellung erzwungen oder festgehalten werden. Der Übende sollte innerlich sich vielmehr von einer Übung zur anderen wenden, gewissermaßen lässig in den Innenerlebnissen spazierengehen und sie auf sich zukommen lassen.

Der Übende soll versuchen, die Übungsformeln (»Arm ist ganz schwer« usw.) **bildhaft in seinem Inneren**, in seiner Phantasie erscheinen zu lassen, etwa als Leuchtbuchstabenschrift im Dunkel der geschlossenen Augen, als Melodie, als Klangspruch, als Bild usw.

Die Übenden sollten dagegen nicht in Begriffen »denken«, sondern nach innen einfach »schauen«, sich den Bildern des Innenlebens zuwenden, die den Formeln entsprechen. Der Übende sollte nicht krampfhaft eine Formel innerlich sich vorsagen und sich ängstlich bemühen, nur an diese Formel zu denken. Das wäre eine aktiv spannende, verkrampfte Haltung, die leicht zu störenden Sensationen, z.B. Kopfschmerzen, führt und damit das autogene Training stört. Eigene, den Übungen nicht zugehörende Gedanken sollte ein Übender ruhig erscheinen und vorübergehen lassen. Das gelingt um so besser, je mehr die Übungsformeln **Bilder** sind, die man anschauen und behaglich ohne jede Anstrengung längere Zeit im inneren Auge oder Ohr behalten kann. So vollziehen sich das »Einwachsen« der Entspannungen in den Organismus und die Generalisierung ganz naturhaft und nachhaltig.

Mit zunehmender Übung schließen sich die **sechs Einzelübungen mehr und mehr zu einem Ganzen zusammen**. Wenn Übende sich anschicken, in die Übung einzutreten, stellt sich oft die Gesamtumschaltung sogleich ein und vollzieht sich. Nach 5–6 Monaten gar verkürzt sich dann die Formel zu einem allgemeinen »Fühlen«:

Schwere – Wärme – Herz ruhig – Atmung – Sonnengeflecht warm – Stirn kühl – Ruhe.*

Wie bei jedem Üben kommen auch beim autogenen Training Zeiten eines Nachlassens vor. Macht sich das stärker geltend, sollte der Übende nach einer Pause von einigen Tagen nochmals mit der ersten Übung beginnen, die dann in der Regel nach einiger Zeit zu der Gesamtübung führt.

Bei Störungen oder Auffälligkeiten sollten sich Übende, gleichgültig ob es sich um Gesunde oder Kranke handelt, an den sie beim autogenen Training betreuenden Arzt wenden, besonders beim Auftreten von Unruhe oder Organfunktionsschwankungen während des Übungsverlaufs.

Schläft eine Übende beim »abendlichen Üben« oder beim Üben nach Tisch unmittelbar nach der Übung ein, ist wie bei der Hypnose mit dem normalen Schlaferwachen die Umschaltung beendet und kein Zurücknehmen mehr erforderlich. Man sollte Übende nach der abendlichen Übung nicht zurücknehmen, sondern das autogene Training in den Schlaf übergehen lassen.**

---

* Schultz hat in den letzten Auflagen des »Übungsheftes« an dieser Stelle folgende Reihe angegeben: »Schwere – Wärme – Atmung – Herz ruhig – Sonnengeflecht warm – Stirn kühl – Ruhe«. Da im übrigen Text aber die Herzübung als dritte Übung und die Atemübung als vierte aufgeführt werden, schien es sinnvoll, auch die Aufzählung so vorzunehmen, d.h. »Herz ruhig« vor »Atmung« anzuführen. Sonst hätten u.U. Mißverständnisse auftreten können (Der Bearbeiter).

** Schultz hat in den letzten Auflagen des »Übungsheftes« diesen Gedanken in folgenden Satz gekleidet: Übende »störe ich abends nach der Übung nicht mit der Besorgnis, zurücknehmen zu müssen, sondern überlasse sie ruhig dem Schlaf« (16. Aufl., S. 24).

Wird die Übung beherrscht, kann der Übende im entspanntkonzentrierten Versenkungszustand **Muskelspannungen** von oft ganz außerordentlicher Stärke darstellen, die u. U. weitgehend unbemerkt auftreten. Sie sind als hypnotische Muskelstarre (Katalepsie) lange bekannt. Ihre Darstellung sollte ärztlichen Versuchsleitern vorbehalten bleiben, da bei ungeeigneten Versuchspersonen langdauernde Muskelkrämpfe auftreten können.

Leicht erreichbar ist die **Verringerung von Schmerzerlebnissen**. Konzentrieren Übende in guter Versenkung auf eine Hautstelle, z. B. den Handrücken, eine leichte Kühle entsprechend dem Stirnversuch und knüpfen daran die Konzentration: *Haut schmerzt nicht* (oder: *Haut schmerzfrei*), so kann der Versuchsleiter bei 50% der Übenden durch Nadelstiche eine herabgesetzte oder sogar fehlende Schmerzempfindung nachweisen. Manchmal kommt der Schmerz beim Zurücknehmen hinterher. Desgleichen ist die Rötung der Haut am Einstich an der schmerzarm gemachten Hand oft geringer. Ebenso muß der Übende beim Zurücknehmen erst wieder normales Empfinden in den Handrücken konzentrieren und die Kühle durch Wärme ersetzen, ehe das eigentliche »Zurücknehmen« erfolgen kann. Die konzentrative Schmerzverringerung läßt den Schmerz überhaupt nicht erscheinen. Die Hypalgesie (Schmerzverringerung) besteht nicht in einer Unterdrückung der Schmerzäußerung wie etwa beim Zusammennehmen im Alltag. Die konzentrative Schmerzverringerung kann z.B. beim Zahnarzt und in anderen Alltagssituationen angenehme Dienste leisten.

Aber auch für den durchschnittlichen Alltag ist das autogene Training wertvoll. Seine Verwendung und Verwertung ist nach verschiedenen Richtungen möglich:

1. Entspannung als Erholung

Spannung ist Kräfteverbrauch, Entspannung Kräfteersparnis. Die ersparten Kräfte werden der Erholung, dem Wiederaufbau zugeführt. Daher ist eine wesentliche Bedeutung des autogenen Trainings darin gegeben, daß eine autogene Versenkung von 5–20 Minuten eine außerordentlich erfrischende und leistungssteigernde Wirkung hat. Einen, allerdings extremen Beweis erbrachte LINDEMANN: Mit Hilfe autogener Erholungs- und Schlafersatzanwendung konnte er allein in 72 Tagen und Nächten den Atlantik beim zweiten Mal in einem Serienfaltboot überqueren.

Autogenes Training und Einschlafen haben in manchem ähnliche Symptome: Autogen trainierte normale Übende können ihren Schlaf sofort eintreten lassen und ebenso mit genauem Termin beenden.

2. Entspannung als Ruhigstellung

Entspanntes Tun und Leben spart Kräfte für Wesentliches. Wer mit Ausdauer trainiert, wird unvermeidlich einer ruhigeren und gelasseneren Haltung zugeführt. »Ich kann mich nicht mehr ärgern«, berichten viele Übende schon nach einiger Übungszeit. Dabei handelt es sich aber nicht um eine Gefühlsabtötung. Nur die falschen verkrampften Gefühlsstörungen lösen sich auf. Echte Gefühle bleiben nicht nur lebendig, sondern vertiefen sich; denn das autogene Training bedingt stets eine dem inneren Wesen entsprechende Entwicklung.

3. Entspannung zur Intensitäts- und Leistungssteigerung

Gesammelt, »konzentriert«, ihrem Inneren zugewandt, können Übende viele Leistungen steigern. Empfindungen (vgl. die »Entdeckung des Herzerlebnisses« S. 21), Gefühle, innere Einsichten, Erinnerungen stehen klarer und besser zur Verfügung. Ein Interessierter nehme z. B. ein zum großen Teil vergessenes Gedicht aus der Schulzeit und kontrolliere, was er davon noch beim genauen Besinnen weiß. Geht er nun in die autogene Versenkung, erscheinen oft schlagartig große Teile des Erinnerungsbildes vor dem geistigen Auge.

4. Entspannung zum Selbstbeherrschen und Selbstbestimmen

Die Selbstbeherrschung, die der Alltag fordert, wird durch das Aneignen des autogenen Trainings schon sehr erleichtert, weil der Mensch von innen heraus ruhig wird (Gelassenheit). Er ist ferner in der Lage, Blutverteilung, Herzschlag und andere Körperfunktionen, die sonst als »unwillkürlich« gelten, weitgehend selbst zu regulieren. Daß dies gelingt, ist nur verwunderlich, wenn man den allgemeinen Irrtum teilt, daß unsere Arm-, Bein-, Rumpf- und Kopfbewegungsmuskeln willkürliche Muskeln seien. In Wirklichkeit muß das Kleinkind erst durch monatelanges Zappeln seine Augen, Arme und Beine »entdecken« wie Übende im autogenen Training das »Herzerlebnis« erfahren und dann diese Abläufe auf bestimmte Ziele richten können; denn äußere Bewegung ist lebenswichtig. Der Durchschnittsmensch aber kann nur einige wenige Bewegungen spontan durchführen. Will er neue ausführen (Turnen, Maschinenschreiben usw.) muß er den neuen Ablauf von Muskelbewegungen erst erlernen. Er muß »üben«. Es besteht also kein grundsätzlicher Unterschied zwischen den äußeren Bewegungsmuskeln und denen der Innenorgane (Blutgefäße, Herz, Magen–Darm usw.).

Für den Normalablauf des autogenen Trainings ist die Beherrschung der sog. »unwillkürlichen« Körperfunktionen nur Mittel zum Zweck. Bei der Behandlung von Krankheiten kann es unter spezieller ärztlicher Aufsicht und Leitung wesentliche Aufgaben finden. Kleine Alltagsbeschwerden wie z. B. Neigung zu kalten Füßen sind für das autogene Training gut und oft mit Dauererfolg zugängig.

Die eigentliche Einstellung zum Leben und zu sich selbst kann der autogen Trainierte dadurch wirksam beeinflussen, daß er im autogenen Training bestimmte erwünschte Einstellungen als Tatsachen setzt. Diese werden dann wirksam. So wie ein Übender konzentriert: »Arm **ist** warm«, so kann er sich ebenso vorstellen: »Sparsamkeit **ist** Freude«, oder: »Ordnung **ist** Freiheit«, oder: »Schreibtisch **wird** aufgeräumt« oder: »Brief **wird** geschrieben« usw. Diese »formelhaften Vorsatzbildungen« in der autogenen Versenkung wirken wie posthypnotische Suggestionen automatisch, besonders, wenn sie ruhig und unbeirrbar eine Reihe von Tagen abends vor dem Einschlafen eingestellt und, am besten ohne Zurücknehmen, in den Nachtschlaf übernommen werden. Hier findet die zielbewußte Selbsterziehung schöne und lohnende Aufgaben. Von dem Abstellen kleiner dummer Angewohnheiten bis hinauf zur Arbeit am Charakter (»Mut **ist** Sieg«). Sehr hilfreich ist hier die vertiefte Innenschau der Versenkung als Grenzgebiet zur »Oberstufe des autogenen Trainings«.

Das autogene Training ist **kein Rezept für Weltanschauungen**. Leben verlangt Polarität. Auf unser Thema angewandt, heißt das: höchste Kampf- und Wirklichkeitsspannung auf der einen, tief aufbauende, von innen quellende Lösung auf der anderen Seite. Hierfür ist das autogene Training als eine konzentrativ–seelische Hilfe gedacht.

Nachwort zur 18. Auflage

Ehre und verpflichtende Aufgabe zugleich war es für mich, nun auch die 18. Auflage des »Übungsheftes für das autogene Training« von Prof. Dr. Dr. h. c. Johannes Heinrich SCHULTZ (1884–1970) zu bearbeiten. Beim Überblick über die letzten 10 Auflagen (6. Auflage 1952 – 16. Auflage 1973) war das Gleichmaß der Darstellung beeindruckend. Die einzig geringfügige, aber mir doch wesentlich erscheinende Veränderung ist nach der 11. Auflage (1961) erfolgt. Doch das muß erst noch durch weiteres Klären genauer belegt werden.

Überkommt nicht gerade den Menschen der heutigen schnellebigen Zeit ein tiefes Gefühl bewundernder Verehrung vor der über Jahrzehnte gehenden Gleichheit einer Aussage? Drückt sich nicht schon darin aus, daß es wirklich ein »Wurf« war, der hier vor Jahrzehnten aus tastenden Vorläufern begonnen wurde, dann aber, einmal entstanden, im Wesentlichen unverändert blieb?

Man wird fragen, was geschah mit der jetzigen Auflage im Vergleich zur letzten? »Praktisch nichts«, ist die Antwort. Nichts als ein paar kleine stilistische Variationen und ganz geringfügige Ergänzungen, was wohl immer der Fall ist, wenn einer den Text eines anderen bearbeitet. Darüber hinaus aber war es mein Anliegen, den klaren, einfachen und einprägsamen Text praktisch unverändert auf die jetzige Auflage zu übertragen.

Als kleiner persönlicher Dank an den Urheber des autogenen Trainings, zumal die damalige Arbeit* noch in engem Kontakt mit Professor SCHULTZ geschah, sollen die ersten

---

* D. LANGEN (Hrsg.) »Der Weg des autogenen Trainings« (Wiss. Buchges. Darmstadt 1968).

Schritte des Verfahrens und damit die unmittelbare Entwicklung durch das Aufzeigen der damals wichtigsten Arbeiten auch dem heutigen Leser sichtbar gemacht werden. Möge dieser kleine Abriß in die Geschichte auch dem Laien das Gefühl einer traditionellen Verankerung geben:

1920: »*Über Schichtenbildung im hypnotischen Selbstbeobachten*«. Monatsschrift für Psychiatrie 49, S. 137–143

1924: Taschenbuch der psychotherapeutischen Technik. Fischer's medizin. Buchhandlung H. Kronfeld Berlin W. 62

Dort werden einige Gedanken erwähnt, die als Vorläufer für das autogene Training gewertet werden können, wie etwa: ». . . sondern erfährt, wie hier die eigenen Vorstellungen Macht gewinnen« (S. 82).
Oder: »Als Ziel der Behandlung bezeichnen wir nun, einen Zustand herzustellen, der es gestattet, ›Vorstellungen‹ lebendig zu machen, die geeignet sind, den Krankheitserscheinungen entgegenzuwirken, und betonen, daß der Erwerb solcher seelischer Inhalte, wie jeder seelische Erwerb, an ein Üben und Lernen geknüpft ist. Nur durch ein systematisches Training ist es möglich, diese Dinge zu festem, seelischem Besitz zu machen. In diesem Sinne an die Behandlung herantretend weisen wir nun den Kranken an, zunächst diejenigen Mechanismen zu benutzen, die ihm aus dem alltäglichen Leben am nächsten liegen: die der ›willkürlichen Muskulatur‹. Wir lassen ihn bequem Platz nehmen, die Augen schließen und seelisch eine vollständige passive Haltung annehmen. In dieser passiven Haltung konzentriert sich der Kranke selbst auf die Vorstellung: ›mein Arm ist schwer‹« (S. 84/85)

Auf S. 86 heißt es: »Dies erreichen wir in den folgenden Sitzungen, indem wir im selben Sinne konzentrativ üben lassen: ›der Arm ist warm‹, wobei die Wärmeempfindung, wellenförmig, meist von der Schulter absteigend, beobachtet wird« (S. 86).
»Unerläßlich ist nur von seiner Seite (des Patienten), ein konsequentes Selbstanwenden der gelernten Mechanismen und ein ruhiges, ausdauerndes Training« (S. 87).

1926: »*Über selbsttätige (autogene) Umstellungen der Wärmestrahlung der menschlichen Haut im autosuggestiven Training*«. Deutsche Medizinische Wochenschrift, 52, S. 571–572.

1927: »*Über rationalisiertes autosuggestives Training (autogene Organübungen)*«. In: Bericht über den 2. allgemeinen ärztlichen Kongreß der Psychotherapie in Bad Nauheim 27.–30.4. 1927. Hirzel, Leipzig, S. 289–296

1928: »*Über autogenes Training*«. Deutsche Medizinische Wochenschrift 54, S. 1200–1201
(Hier bekommt das ein Jahr vorher [1927] vorgestellte Verfahren erstmalig seinen Namen.)

1929: »*Gehobene Aufgabenstufen im autogenen Training*« In: Bericht über den 4. allgemeinen ärztlichen Kongreß für Psychotherapie in Bad Nauheim, 11.–14.4.1929. Hirzel, Leipzig, S. 106–113

1929: »*Autogenes Training*«. Die Medizinische Welt 3, S. 1686–1688

1932: »*Das autogene Training; konzentrative Selbstentspannung; Versuch einer klinisch-praktischen Darstellung*« (1. Auflage 1932 bis 14. Auflage 1974). Thieme, Leipzig, später Stuttgart

1935: Übungsheft für das autogene Training (1. Auflage)

Von 1932 an erfreute sich das Verfahren einer ständig größer werdenden Beliebtheit, so daß es heute die, zumindest im deutschen Sprachraum, meistverwandte Behandlung mit seelischen Mitteln ist und sich zunehmend den zentralen Platz in einer vorbeugenden Medizin erobert. Hierzu soll auch dieses »Übungsheft« dienen in seinem, nur in einzelnen Teilen, ganz geringfügig geänderten Gewand.

Mainz, im Frühjahr 1977 D. LANGEN